# WIRBEL KUCHEN

## 30 schnelle Kuchen mit dem besonderen Dreh

Texte und Fotografien: Virginie Garnier

Übersetzung: Lisa Heilig

# Inhalt

# Einleitung

Egal ob süß oder herzhaft – Kuchen schmecken immer. Und Wirbelkuchen sind zudem auch noch was fürs Auge.

Für diese essbaren Kunstwerke muss der Belag aus Obst oder Gemüse zunächst in sehr feine Streifen oder Bänder geschnitten werden. Das gelingt am einfachsten mit einer sogenannten Mandoline oder einem Gemüsehobel. Damit lassen sich die Zutaten schnell in dünne, absolut gleichmäßige Scheiben und Bänder teilen.

Für Schritt Nummer zwei ist anfangs ein wenig Zeit erforderlich, denn das kunstvolle Arrangieren der Obst- und Gemüsescheiben zu Rosetten, Spiralen und Strudeln auf dem Teigboden erfordert zunächst noch etwas Fingerspitzengefühl. Sie werden aber feststellen, dass Ihnen die Zubereitung der Kuchen mit etwas Übung schon bald im Nu von der Hand geht.

Diese Zubereitung sorgt aber nicht nur dafür, dass die Kuchen besonders effektvoll und hübsch aussehen, sie sind dadurch auch saftiger und viel gesünder als klassische Kuchen.

Es ist also fast schade, dass die wunderbaren Kreationen, in die man so viel Liebe investiert, so schnell aufgegessen sind … Aber ist das nicht Sinn und Zweck von leckerem Essen?

# Süße Wirbelkuchen

# Blätterteigröschen mit Äpfeln

Für 8 Torteletts · Vorbereiten: 30 Min. · Ruhen: 5 Min. · Zubereiten: 30 Min.
Material: Hobel, Muffinbackform oder 8 kleine Backringe (6 cm Durchmesser), Backpinsel

## Das Rezept

1. Den Backofen auf 180 °C vorheizen.

2. Eine hitzebeständige Schüssel mit kochend heißem Wasser bereitstellen und den Zitronensaft einrühren.

3. Die Äpfel waschen und vierteln. Das Kerngehäuse entfernen. Die Äpfel in feine Scheiben schneiden. **Abbildung** ①.

4. Die Apfelscheiben ins heiße Zitronenwasser legen und 5 Minuten ziehen lassen, bis sie etwas aufgeweicht sind. Dann abtropfen lassen. **Abbildung** ②.

5. Acht kleine Backringe oder Vertiefungen der Muffinform mit Butter einfetten.

6. Den Blätterteig ausrollen und in 6 cm breite Streifen schneiden. Mit der Konfitüre bestreichen. Die Apfelscheiben leicht überlappend so auflegen, dass sie zur Hälfte über die Längskanten hinausragen. **Abbildung** ③.

7. Die untere Hälfte der Teigstreifen nach oben schlagen, sodass die Apfelscheiben dazwischenliegen. Die Teigstreifen vorsichtig aufrollen. **Abbildung** ④.

## Die Zutaten

Zitrone, ausgepresst ...................... 1
Äpfel................................................4
Blätterteig (Kühlregal)....................... 2
Aprikosenkonfitüre......................... 8 EL
zerlassene Butter.........................100 g
etwas Rohrohrzucker

8. Die Blätterteigröschen in die vorbereiteten Backringe oder in die Muffinform setzen. Mit zerlassener Butter bestreichen und mit etwas Rohrohrzucker bestreuen. Im vorgeheizten Ofen 30 Minuten backen. **Abbildung** ⑤.

9. Die Törtchen vorsichtig aus den Backringen oder aus der Muffinform lösen. Lauwarm oder kalt servieren. **Abbildung** ⑥.

# Cheesecake mit Erdbeeren

Für 8 bis 10 Personen · Vorbereiten: 30 Min. · Zubereiten: 1 Std. 10 Min. · Ruhen: über Nacht
Material: Springform (18 cm Durchmesser)

## Die Zutaten

### Für den Krümelboden

| | |
|---|---|
| Butterkekse | 150 g |
| weiche Butter | 35 g |
| Salz | 1 Prise |

### Für die Käsemasse

| | |
|---|---|
| Doppelrahmfrischkäse | 300 g |
| Crème fraîche | 30 g |
| Zucker | 120 g |
| Speisestärke | 5 g |
| Ei | 1 |
| Eigelb | 1 |
| Vanilleschote | 1 |
| Erdbeeren | 30 |

## Tipp

Käsekuchen schmecken besser, wenn sie am Vortag gebacken und über Nacht gekühlt werden.

## Das Rezept

**1.** Den Backofen auf 180 °C vorheizen. Die Springform mit Backpapier auskleiden. Die Kekse mit Butter und Salz in einen Mixer geben und zu einer feinkrümeligen Masse verarbeiten. Die Masse in die vorbereitete Springform geben und mithilfe eines Löffelrückens gleichmäßig am Boden andrücken. Mit Backpapier bedecken und mit getrockneten Hülsenfrüchten oder Backkugeln beschweren.

**2.** Im vorgeheizten Ofen 10 Minuten vorbacken. Backpapier samt Hülsenfrüchten oder Backkugeln entfernen. Die Ofentemperatur auf 120 °C reduzieren.

**3.** Inzwischen Frischkäse und Crème fraîche in einer Schüssel mit einem Schneebesen glatt rühren. Zucker und Speisestärke sorgfältig einarbeiten.

**4.** Ei und Eigelb miteinander verquirlen und in die Frischkäsemasse rühren. Die Vanilleschote aufschlitzen und das Mark herauskratzen. Das Vanillemark ebenfalls in die Frischkäsemasse rühren.

**5.** Die Frischkäsemasse in die Springform füllen und 60 Minuten backen. Den Cheesecake in der Form erkalten lassen, dann über Nacht kalt stellen.

**6.** Am nächsten Tag die Erdbeeren putzen, waschen und in feine Scheiben schneiden. Kreisförmig leicht überlappend auf dem Cheesecake anordnen. Sofort servieren.

# Schokoladenkuchen mit Birnen

## und Cashewkernen

Für 8 bis 10 Personen · Vorbereiten: 30 Min. · Zubereiten: 45 Min.
Material: 1 Springform (26 cm Durchmesser), Hobel, Spritzbeutel

## Die Zutaten

| | |
|---|---|
| Cashewmus | 50 g |
| Zartbitterschokolade | 160 g |
| weiche Butter | 100 g |
| Salz | 2 Prisen |
| große Birnen | 2 |
| Rohrohrzucker | 160 g |
| Eier | 3 |
| Mehl | 120 g |
| Backpulver | ½ TL |

## Das Rezept

1. Den Backofen auf 160 °C vorheizen. Die Springform einfetten und mit Backpapier auskleiden. Das Cashewmus in den Spritzbeutel füllen.

2. Die Schokolade in Stücke brechen. Mit der Butter und 1 Prise Salz in einem Topf über einem Wasserbad schmelzen. Vom Wasserbad nehmen und leicht abkühlen lassen.

3. Inzwischen die Birnen schälen und entkernen. Mit dem Hobel in feine Scheiben schneiden.

4. Zucker und Eier sorgfältig in die Schokoladenmasse rühren. Mehl, Backpulver und 1 Prise Salz in die Schokoladenmasse sieben und einarbeiten, bis ein glatter Teig entstanden ist.

5. Den Teig in die vorbereitete Form füllen. Das Cashewmus in einer Spirale daraufspritzen. Kreisförmig mit den Birnenscheiben belegen. Im vorgeheizten Ofen 40–45 Minuten backen.

# Mandeltarte

## mit karamellisierten Äpfeln

Für 8 bis 10 Personen · Vorbereiten: 45 Min. · Zubereiten: 40 Min.
Material: Handmixer oder Küchenmaschine, 1 Obstkuchenform (30 cm Durchmesser), Hobel

## Die Zutaten

Butter zum Einfetten .........................1 TL
Mehl zum Ausstäuben......................1 TL
Blätterteig (Kühlregal).......................... 1
Äpfel............................................... 8
Vanilleschote ..................................... 1
Wasser.............................................. 1 l
Zucker .........................................300 g

### Für den Belag

weiche Butter ................................100 g
Salz ....................................... 1 Prise
gemahlene Mandeln.....................100 g
Zucker .............................................80 g
Eier..................................................2
Schlagsahne.................................100 g

## Das Rezept

**1.** Den Backofen auf 180 °C vorheizen. Die Backform einfetten und mit Mehl ausstäuben. Mit dem Blätterteig auskleiden. Den Teig mehrmals mit einer Gabel einstechen. Mit Backpapier bedecken und mit getrockneten Hülsenfrüchten oder Backkugeln beschweren. Im vorgeheizten Ofen 15 Minuten vorbacken, bis der Teig goldgelb ist. Backpapier samt Hülsenfrüchten oder Backkugeln entfernen.

**2.** Inzwischen die Äpfel schälen, vierteln und entkernen. Mit dem Hobel in feine Scheiben schneiden.

**3.** Die Vanilleschote aufschlitzen und das Mark herauskratzen. Vanilleschote und Mark mit Wasser und Zucker in einen großen Topf geben und zum Kochen bringen. Die Apfelscheiben darin einige Minuten blanchieren. Abtropfen lassen.

**4.** Für die Mandelcreme Butter, Salz, Mandeln, Zucker und Eier einige Minuten mit dem Handmixer oder in der Küchenmaschine cremig rühren. Auf dem vorgebackenen Teigboden verstreichen und 20 Minuten backen.

**5.** Die Tarte auf einem Kuchengitter erkalten lassen. Die Apfelscheiben kreisförmig von der Mitte aus daraufsetzen. Siehe **Abbildungen ①–⑤**. Mit Zucker bestreuen und 2 Minuten unter dem heißen Backofengrill karamellisieren.

① ② ③

④ ⑤

# Mango-Limetten-Torteletts

Für 6 Torteletts · Vorbereiten: 45 Min. · Zubereiten: 25 Min.
Material: 6 Tortelettförmchen oder Backringe (10 cm Durchmesser), Hobel, Handmixer

## Die Zutaten

Butter zum Einfetten .........................1 TL
Mehl zum Ausstäuben......................1 TL
Mürbeteig (Kühlregal) ......................... 1

**Für die Creme**
Vanilleschote ....................................... 1
Milch .........................................170 ml
Eigelb ................................................. 2
Zucker .........................................50 g
Speisestärke.................................15 g
weiche Butter ...............................20 g

### Für den Belag
Mangos (nicht allzu reif)......................4
Abrieb von 1 Limette
Kokosraspel zum Garnieren

## Das Rezept

1. Den Backofen auf 180 °C vorheizen. Die Tortelettförmchen oder Backringe einfetten und mit Mehl
ausstäuben.

2. Die Förmchen oder Ringe mit dem Teig auskleiden. Den Boden mehrmals mit einer Gabel einstechen. Mit Backpapier belegen und mit getrockneten
Hülsenfrüchten oder Backkugeln beschweren. Im
vorgeheizten Ofen 20 Minuten blindbacken, bis der
Teig goldgelb ist. Backpapier samt Hülsenfrüchten
oder Backkugeln entfernen. Die Teigböden erkalten
lassen.

3. Für die Creme die Vanilleschote aufschlitzen und
das Mark herauskratzen. Beides mit der Milch in
einen Topf geben und zum Kochen bringen. Vom Herd
nehmen und ziehen lassen. Eigelbe und Zucker in
einer Schüssel mit dem Handmixer hell und cremig
schlagen. Die Speisestärke unterrühren. Die Masse
in die noch heiße Milch geben. Den Topf wieder auf
den Herd setzen und die Masse unter ständigem
Rühren aufkochen. Die Butter einarbeiten. Die Creme
ist ausreichend eingedickt, wenn sie einen Kochlöffel
überzieht. Die Vanilleschote entfernen und die Creme
erkalten lassen.

4. Die Creme mit dem Handmixer glatt rühren und
auf den Teigböden verstreichen. Die Mangos schälen
und mit dem Hobel in feine Scheiben schneiden. Die
Mangoscheiben halbieren und in der Mitte begin-
nend kreisförmig in die Creme setzen (vgl. S. 19). Mit
Limettenzesten und Kokosraspeln bestreuen.

# Himbeer-Litschi-Tarte

## mit weißer Schokolade

Für 8 bis 10 Personen · Vorbereiten: 30 Min. · Ruhen: 1 Std. + 2 Std. · Zubereiten: 20 Min.
Material: Backform (28 cm Durchmesser)

## Das Rezept

**1.** Für den Teig die Butter in einer Schüssel mit einem Handmixer oder in der Küchenmaschine cremig rühren. Mehl, Puderzucker und Ei einarbeiten, bis ein glatter Teig entstanden ist. Den Teig zu einer Kugel formen, in Frischhaltefolie einschlagen und 60 Minuten im Kühlschrank ruhen lassen.

**2.** Den Backofen auf 180 °C vorheizen. Die Backform einfetten und mit Mehl ausstäuben.

**3.** Den Teig auf der leicht bemehlten Arbeitsfläche zu einem etwa 5 mm dicken Kreis ausrollen. Die vorbereitete Backform damit auskleiden. Den Teigboden mehrmals mit einer Gabel einstechen. Mit einem Backpapierbogen belegen und mit getrockneten Hülsenfrüchten oder Backkugeln beschweren. Im vorgeheizten Ofen 20 Minuten blindbacken. Backpapier samt Hülsenfrüchten oder Backkugeln entfernen. Den Teigboden erkalten lassen.

**4.** Für den Belag den Zucker mit einem Drittel der Himbeeren mischen. Die Schokolade in einem Topf über einem Wasserbad schmelzen. Ein Fünftel der Sahne sorgfältig mit einem Schneebesen unterrühren.

**5.** Die restliche Sahne steif schlagen und unter die Schokoladenmasse heben.

## Die Zutaten

### Für den Teig

| | |
|---|---|
| weiche Butter, in Stücken | 175 g |
| Mehl | 290 g |
| + etwas mehr zum Ausstäuben | |
| Puderzucker | 65 g |
| Ei | 1 |

### Für den Belag

| | |
|---|---|
| Zucker | 100 g |
| Himbeeren | ca. 50 |
| weiße Schokolade | 300 g |
| kalte Sahne | 750 g |
| Litschis (frisch oder Konserve) | ca. 20 |

**6.** Die gezuckerten Himbeeren auf dem Teigboden verstreichen und mit der Schokoladensahne überziehen. Mindestens 2 Stunden im Kühlschrank fest werden lassen.

**7.** Die Tarte kreisförmig abwechselnd mit den restlichen halbierten Himbeeren und den halbierten Litschis belegen.

# Haselnuss-Spirale

Für 8 bis 10 Personen · Vorbereiten: 10 Min. · Zubereiten: 45 Min.
Material: Spiralbackform

## Die Zutaten

Butter..................................100 g
+ etwas mehr zum Einfetten
Weizenmehl .................................25 g
+ etwas mehr zum Ausstäuben
gemahlene Mandeln.....................100 g
gemahlene Haselnüsse................100 g
Rohrohrzucker..............................150 g
Eier.......................................4
dunkle Kuvertüre ...........................70 g
Puderzucker zum Bestäuben
einige rote Johannisbeeren
zum Garnieren

## Das Rezept

1. Den Backofen auf 165 °C vorheizen. Die Backform einfetten, mit Mehl ausstäuben und kalt stellen.

2. Die Butter zerlassen. Das Mehl sieben.

3. Mandeln und Haselnüsse mit Zucker und Eiern in die Schüssel der Küchenmaschine geben und mit dem Schneebeseneinsatz zu einer glatten Masse verarbeiten. Die flüssige Butter einarbeiten. Das Mehl unterrühren.

4. Die Kuvertüre im Wasserbad schmelzen und unter den Teig ziehen.

5. Den Teig in die vorbereitete Form füllen und im vorgeheizten Ofen 40-45 Minuten backen. Vor dem Servieren mit Puderzucker bestäuben und mit Johannisbeeren garnieren.

# Milchreistorte

*mit karamellisierten Birnen*

Für 8 bis 10 Personen · Vorbereiten: 30 Min. · Zubereiten: 1 Std.
Material: Backform (28 cm Durchmesser)

## Das Rezept

**1.** Die Vanilleschote aufschlitzen und das Mark herauskratzen. Beides mit Milch und Zucker in einen Topf geben und erhitzen.

**2.** Wenn die Milch zu köcheln beginnt, den Reis einstreuen und bei kleinster Hitze 30 Minuten quellen lassen. Dabei regelmäßig rühren, damit sich keine Milchhaut bildet.

**3.** Wenn der Reis weich ist, den Topf vom Herd nehmen und die Vanilleschote entfernen. Die Eier verquirlen und unter den Milchreis rühren.

**4.** Den Backofen auf 180 °C vorheizen. Die Backform einfetten. So viel Wasser in die Fettpfanne des Backofens füllen, dass die Form zur Hälfte im Wasser steht. Den Milchreis in die vorbereitete Form füllen und 30 Minuten garen, bis die Masse fest ist. Die Milchreistarte erkalten lassen, dann auf eine Platte stürzen.

**5.** Die Birnen schälen, vierteln, entkernen und in feine Spalten schneiden. Die Zitrone heiß abspülen und trocknen.

**6.** Die Butter in einer Pfanne zerlassen und die Birnenspalten darin braten. Mit dem Zucker bestreuen und karamellisieren lassen.

**7.** Die Birnenspalten kreisförmig auf der Milchreistarte anordnen. Mit dem Karamell überziehen und etwas Zitronenschale darüberreiben.

## Die Zutaten

| | |
|---|---:|
| Vanilleschote | 1 |
| Milch | 700 ml |
| Zucker | 80 g |
| Rundkornreis | 125 g |
| Eier | 2 |
| Birnen | 4 |

### Für den Karamell

| | |
|---|---:|
| Butter | 30 g |
| + etwas mehr zum Einfetten | |
| Zucker | 50 g |
| Zitronenabrieb | 1 TL |

# Aprikosenschnecke

Für 4 bis 6 Personen · Vorbereiten: 10 Min. · Zubereiten: 30 Min.
Material: Hobel, Backform (20 cm Durchmesser), Backpinsel

## Die Zutaten

Aprikosen ............................................. 6
zerlassene Butter.......................... 100 g
+ etwas mehr zum Einfetten
Mehl zum Ausstäuben...................... 1 TL
Blätterteig (Kühlregal)......................... 2
Mandelmus ................................... 8 EL
Rohrohrzucker zum Bestreuen
Basilikumblätter zum Garnieren

## Das Rezept

1. Den Backofen auf 180 °C vorheizen. Die Aprikosen waschen, halbieren, entsteinen und mit einem Hobel in feine Spalten schneiden.

2. Die Backform einfetten und mit Mehl ausstäuben.

3. Die Blätterteigplatten ausrollen, in 6 cm breite Streifen schneiden und mit dem Mandelmus bestreichen. Die Aprikosenspalten so darauflegen, dass sie zur Hälfte über die Längskante ragen.

4. Die Teigstreifen aneinanderlegen und vorsichtig aufrollen, sodass eine große Schnecke entsteht.

5. Die Blätterteigschnecke in die vorbereitete Form setzen. Mit Butter bestreichen und mit Zucker bestreuen. Im vorgeheizten Ofen 30 Minuten backen.

6. Vor dem Servieren mit Basilikumblättern garnieren.

# Vanilletarte mit gegrillter Ananas

Für 2 mittlere Tartes/4 Personen · Vorbereiten: 20 Min. · Ruhen: 2 Std. · Zubereiten: 40 Min.
Material: 2 Springformen oder Backringe (18 cm Durchmesser), Backpinsel

## Das Rezept

**1.** Für den Teig die Butter in einer Schüssel cremig rühren. Die restlichen Zutaten zugeben und alles rasch zu einem glatten Teig verarbeiten. Zu einer Kugel formen, in Frischhaltefolie einschlagen und 60 Minuten im Kühlschrank ruhen lassen.

**2.** Den Backofen auf 190 °C vorheizen. Die Backformen einfetten und mit Mehl ausstäuben. Den Teig auf der leicht bemehlten Arbeitsfläche etwa 5 mm dick ausrollen und die Formen damit auskleiden. Die Teigböden mehrmals mit einer Gabel einstechen. Mit Backpapier bedecken und mit getrockneten Hülsenfrüchten oder Backkugeln beschweren. Im vorgeheizten Ofen 30 Minuten goldgelb backen.

**3.** Für die Vanillecreme die Vanilleschote aufschlitzen und das Mark herauskratzen. Beides mit der Milch in einen Topf füllen und zum Kochen bringen. Eigelbe und Zucker cremig rühren. Speisestärke, Mehl und Salz einarbeiten. Die Mischung in die heiße Milch rühren. Den Topf wieder auf den Herd setzen und die Masse unter ständigem Rühren aufkochen. Die Butter einarbeiten und die Masse eindicken lassen. Die Vanilleschote entfernen. Den Topf vom Herd nehmen und die Creme erkalten lassen.

**4.** Die Ananas schälen, in feine Scheiben schneiden und den Strunk in der Mitte herausschneiden. Die Scheiben in je drei Stücke schneiden. Die Butter in einer großen Pfanne zerlassen und die Ananasscheiben darin braten. Mit dem Zucker bestreuen und karamellisieren lassen.

## Die Zutaten

### Für den Teig

weiche Butter ...................................80 g
+ etwas mehr zum Einfetten
Weizenmehl ...................................180 g
+ etwas mehr zum Ausstäuben
Zucker ...........................................80 g
gemahlene Mandeln .......................30 g
Salz ........................................... 1 Prise
Ei....................................................1

### Für die Vanillecreme

Vanilleschote .................................. 1
Vollmilch....................................500 ml
Eigelb .............................................3
Zucker ..........................................90 g
Speisestärke..................................25 g
Weizenmehl ..................................30 g
Butter............................................30 g
Salz ........................................... 1 Prise

### Für die Garnierung

Ananas .................2 kleine oder 1 große
Butter............................................30 g
Zucker ..........................................50 g
Puderzucker zum Bestäuben

**5.** Die Vanillecreme auf den Teigböden verstreichen. Die Ananasstücke fächerartig darauf anrichten. Mindestens 60 Minuten im Kühlschrank ruhen lassen. Vor dem Servieren mit Puderzucker bestäuben.

# Kirschclafoutis

Für 2 mittlere Tartes oder 4 Torteletts · Vorbereiten: 20 Min. · Zubereiten: 30 Min.
Material: 2 Springformen oder Backringe (18 cm Durchmesser) oder 4 Tortelettförmchen (10 cm Durchmesser)

## Die Zutaten

Butter zum Einfetten
Mehl zum Ausstäuben
Blätterteig (Kühlregal) ......................... 1
Schwarzkirschen ............................ 550 g
Abrieb von ½ Zitrone
Eier ...................................................... 2
Zucker ............................................ 4 EL
Schlagsahne ................................... 90 g

## Das Rezept

1. Den Backofen auf 180 °C vorheizen. Die Backformen oder -ringe einfetten und mit Mehl ausstäuben und mit dem Blätterteig auskleiden. Die Teigböden mehrmals mit einer Gabel einstechen. Mit Backpapier bedecken und mit getrockneten Hülsenfrüchten oder Backkugeln beschweren. Im vorgeheizten Ofen 10 Minuten goldgelb vorbacken. Backpapier samt Hülsenfrüchten oder Backkugeln entfernen.

2. Inzwischen die Kirschen waschen, vierteln und entsteinen.

3. Für die Creme Eier und Zucker in einer Schüssel verrühren. Sahne und Zitronenabrieb hinzugeben und vermengen, bis eine glatte Masse entstanden ist. In die Teigböden gießen. Die Kirschen kreisförmig hineinsetzen. Im vorgeheizten Ofen 20 Minuten backen, bis die Creme gestockt ist.

# Bunte Obsttorte

Für 8 Personen · Vorbereiten: 20 Min. · Ruhen: 1 Std. · Zubereiten: 20 Min.
Material: 1 Backform (30 cm Durchmesser)

## Die Zutaten

### Für den Teig

weiche Butter, gewürfelt ................ 130 g
+ etwas mehr zum Einfetten
Weizenmehl .................................. 240 g
+ etwas mehr zum Ausstäuben
Ei .................................................... 1
Puderzucker ................................. 85 g
gemahlene Haselnüsse ................ 30 g
Salz ......................................... 1 Prise

### Für die Creme

Mascarpone ................................ 250 g
Puderzucker ................................. 50 g
Vanillearoma ............................... 1 TL

### Für den Belag

rotschaliger Apfel ............................. 1
Kiwis ................................................ 2
Mango .............................................. 1
Drachenfrucht .................................. 1
Erdbeeren ........................................ 5
Aprikose ........................................... 1
Kokosraspel zum Garnieren

## Das Rezept

**1.** Für den Teig die Butter in einer Schüssel mit dem Handmixer oder in der Küchenmaschine cremig rühren. Die restlichen Zutaten zufügen und alles zu einem glatten Teig verarbeiten. Den Teig zu einer Kugel formen, in Frischhaltefolie einschlagen und im Kühlschrank 60 Minuten ruhen lassen.

**2.** Den Backofen auf 180 °C vorheizen. Die Backform einfetten und mit Mehl ausstäuben. Den Teig auf der leicht bemehlten Arbeitsfläche zu einem 5 mm dicken Kreis ausrollen und die vorbereitete Form damit auskleiden. Den Teigboden mehrmals mit einer Gabel einstechen. Mit Backpapier belegen und mit getrockneten Hülsenfrüchten oder Backkugeln beschweren. Im vorgeheizten Ofen 20 Minuten blindbacken. Backpapier samt Hülsenfrüchten oder Backkugeln entfernen. Den Teigboden erkalten lassen.

**3.** Für die Creme alle Zutaten in einer Schüssel glatt rühren.

**4.** Das Obst putzen, waschen, gegebenenfalls schälen und in feine Scheiben schneiden.

**5.** Die Creme auf dem Teigboden verstreichen und mit den Obstscheiben, wie auf dem Foto abgebildet, kreisförmig belegen.

**6.** Die Torte mit Kokosraspeln bestreuen und bis zum Servieren kühlen.

# Feigen-Pistazien-Törtchen

Für 8 Torteletts · Vorbereiten: 20 Min. · Zubereiten: 25 Min.
Material: 8 Tortelettförmchen (10 cm Durchmesser)

## Die Zutaten

Butter zum Einfetten .........................1 TL
Mehl zum Ausstäuben.......................1 TL
Mürbeteig (Kühlregal) .........................2

### Für die Pistazienmasse

weiche Butter .................................80 g
Zucker .........................................80 g
gemahlene Pistazien.......................80 g
Eier.............................................2

### Für den Belag

frische Feigen ...................................20
Butter ...........................................20 g
Zucker ...........................................40 g
Puderzucker zum Bestäuben
Johannisbeeren zum Garnieren

## Das Rezept

**1.** Den Backofen auf 180 °C vorheizen. Die Backförmchen einfetten und mit Mehl ausstäuben. Mit dem Mürbeteig auskleiden. Die Teigböden mehrmals mit einer Gabel einstechen. Mit Backpapier belegen und mit getrockneten Hülsenfrüchten oder Backkugeln beschweren. Im vorgeheizten Ofen 10 Minuten vorbacken. Backpapier samt Hülsenfrüchten oder Backkugeln entfernen.

**2.** Für die Pistazienmasse Butter und Zucker in einer Schüssel cremig rühren. Pistazien und Eier einarbeiten.

**3.** Die Pistazienmasse auf den Teigböden verstreichen und im vorgeheizten Ofen 15 Minuten backen.

**4.** Inzwischen die Feigen waschen, gut trocknen und vierteln. In einer Pfanne mit Butter und Zucker goldbraun braten.

**5.** Die Feigenstücke fächerförmig auf den Törtchen anrichten. Mit Puderzucker bestäuben und mit Johannisbeeren garnieren.

# Bananen-Birnen-Kuchen

## mit Schokolade

Für 6 bis 8 Personen · Vorbereiten: 20 Min. · Zubereiten: 30 Min. · Ruhen: 2 Std.
Material: Backform (26 cm Durchmesser)

### Die Zutaten

Butter zum Einfetten ........................1 TL
Mehl zum Ausstäuben.....................1 TL
Mürbeteig (Kühlregal) ......................... 1

**Für die Schokosauce**

Milchschokolade...........................150 g
Sahne........................................120 g
Bananen............................................ 2
Birne ................................................ 1
Zitrone.............................................. 1
gehackte Zartbitter-
schokolade ...........................1 Handvoll
Fleur de Sel

### Das Rezept

**1.** Den Backofen auf 180 °C vorheizen. Die Backform einfetten und mit Mehl ausstäuben. Mit dem Mürbeteig auskleiden. Den Teigboden mehrmals mit einer Gabel einstechen. Mit Backpapier belegen und mit getrockneten Hülsenfrüchten oder Backkugeln beschweren. Im vorgeheizten Ofen 30 Minuten blindbacken. Backpapier samt Hülsenfrüchten oder Backkugeln entfernen. Den Teigboden erkalten lassen.

**2.** Für die Schokosauce die Schokolade in Stücke brechen und in eine hitzebeständige Schüssel geben. Die Sahne in einem kleinen Topf zum Kochen bringen und in drei Portionen unter ständigem Rühren über die Schokolade gießen. Wenn die Schokolade geschmolzen und die Masse glatt ist, auf dem Teigboden verstreichen.

**3.** Die Bananen schälen und in Scheiben schneiden. Die Birne schälen, entkernen und in Spalten schneiden. Den Saft der Zitrone auspressen. Das Obst in eine Schüssel geben, mit dem Zitronensaft beträufeln und vorsichtig vermengen, damit es nicht braun wird.

**4.** Die Obstscheiben abwechselnd kreisförmig auf der Schokolade anordnen. Mit gehackter Zartbitterschokolade und 1 Prise Fleur de Sel bestreuen.

# Zitrustarte

Für 6 bis 8 Personen · Vorbereiten: 20 Min. · Zubereiten: 45 Min. · Ruhen: 2 Std.

## Die Zutaten

### Für den Teig

weiche Butter, in Stücken .............175 g
+ etwas mehr zum Einfetten
Weizenmehl ...................................290 g
+ etwas mehr zum Ausstäuben
Puderzucker....................................65 g
Ei............................................................1
Wasser..........................................3 EL
Raspelschokolade ..........................1 EL
Mandelkrokant ...............................1 TL

### Für die Creme

Orangen.............................................2
Eier....................................................2
Puderzucker..................................110 g
zerlassene Butter ...........................75 g
gemahlene Mandeln.......................95 g

### Für den Belag

rosa Grapefruits, filetiert.....................3
Orangen, filetiert.................................4
Clementinen, filetiert ..........................1
Zitronenabrieb ...............................1 TL

## Das Rezept

**1.** Für den Teig die Butter in einer Schüssel mit dem Handmixer oder in der Küchenmaschine cremig rühren. Mehl, Puderzucker, Ei, Wasser, Raspelschokolade und Krokant zufügen und alles zu einem glatten Teig verarbeiten. Den Teig zu einer Kugel formen, in Frischhaltefolie einschlagen und 60 Minuten im Kühlschrank ruhen lassen.

**2.** Den Backofen auf 180 °C vorheizen. Die Backform (28 cm Durchmesser) einfetten und mit Mehl ausstäuben. Den Teig auf der leicht bemehlten Arbeitsfläche zu einem etwa 5 mm dicken Kreis ausrollen und die vorbereitete Form damit auskleiden. Den Teigboden mehrmals mit einer Gabel einstechen. Mit Backpapier bedecken und mit getrockneten Hülsenfrüchten oder Backkugeln beschweren. Im vorgeheizten Ofen 10 Minuten vorbacken. Backpapier samt Hülsenfrüchten oder Backkugeln entfernen.

**3.** Für die Creme die Orangen heiß abspülen und trocknen. Die Schale fein abreiben und den Saft auspressen. Mit Eiern, Puderzucker, Butter und Mandeln glatt rühren. Auf dem Teigboden verteilen und im vorgeheizten Ofen 35 Minuten backen. Erkalten lassen.

**4.** Die Tarte 60 Minuten kühlen. Die Zitrusfruchtfilets fächerförmig auf der Tarte anordnen. Die Zitrone heiß abspülen, trocknen und etwas Schale über der Tarte abreiben.

# Herzhafte Wirbelkuchen

# Bunte Garten-Quiche

Für 6 bis 8 Personen · Vorbereiten: 30 Min. · Zubereiten: 30 Min.
Material: Backform (30 cm Durchmesser), Hobel

## Die Zutaten

Butter zum Einfetten ........................ 1 TL
Mehl zum Ausstäuben ....................... 1 TL
Mürbeteig (Kühlregal) ......................... 1
Zucchini ................................................ 4
Karotten ............................................... 5
Frischkäse ......................................... 90 g
Schlagsahne ................................... 200 g
Ei ........................................................... 1
Olivenöl
Fleur de Sel
Pfeffer

## Das Rezept

1. Den Backofen auf 180 °C vorheizen. Die Backform einfetten und mit Mehl ausstäuben. Den Mürbeteig auf der leicht bemehlten Arbeitsfläche zu einem etwa 5 mm dicken Kreis ausrollen und die vorbereitete Form damit auskleiden. Den Teigboden mehrmals mit einer Gabel einstechen. Mit Backpapier belegen und mit getrockneten Hülsenfrüchten oder Backkugeln beschweren. Im vorgeheizten Ofen 10 Minuten vorbacken. Backpapier samt Hülsenfrüchten oder Backkugeln entfernen.

2. Das Gemüse putzen, waschen und mit dem Hobel oder mit einem Sparschäler längs in feine Bänder schneiden. 3–4 Minuten dämpfen.

3. Frischkäse, Sahne und Ei in einer Schüssel glatt rühren und auf dem Teigboden verteilen. Die Gemüsestreifen von außen nach innen abwechselnd hochkant in den Teig stecken (siehe **Abbildung** ①–③).

4. Das Gemüse mit Olivenöl bestreichen und die Quiche im vorgeheizten Ofen 15–20 Minuten goldbraun backen. Mit Fleur de Sel und Pfeffer würzen.

# Pizza-Schnecke Margherita

Für 2 Personen · Vorbereiten: 10 Min. · Zubereiten: 35 Min.
Material: Backform (26 cm Durchmesser)

## Die Zutaten

Knoblauchzehen .................................... 2
Tomatensauce ............................ 150 ml
Pizzateig (Kühlregal oder Bäcker)......... 2
geräucherter Scamorza
(alternativ Mozzarella) ......................... 2
Oregano...................................... 1 Prise
Olivenöl
Fleur de Sel
Pfeffer
Basilikumblätter zum Garnieren

## Das Rezept

**1.** Den Backofen auf 200 °C vorheizen. Etwas Olivenöl in einem Topf erhitzen. Die Knoblauchzehen abziehen, zerdrücken und im heißen Öl andünsten. Die Tomatensauce zufügen. Salzen und pfeffern. Die Sauce 5 Minuten bei niedriger Hitze köcheln, dann erkalten lassen.

**2.** Den Teig auf der leicht bemehlten Arbeitsfläche zu zwei Rechtecken ausrollen und der Länge nach in 6 cm breite Streifen schneiden.

**3.** Den Käse halbieren und in Scheiben schneiden.

**4.** Die Teigstreifen mit der Tomatensauce bestreichen und mit den Käsescheiben belegen. Die Streifen aneinandergelegt aufrollen, sodass eine große Schnecke entsteht. In die Form setzen. Mit etwas Olivenöl beträufeln und mit je einer Prise Oregano, Salz und Pfeffer bestreuen. Im vorgeheizten Ofen 30 Minuten goldbraun backen.

**5.** Vor dem Servieren mit Basilikumblättern garnieren.

# Kartoffeltarte

## mit Käse und Nüssen

Für 6 bis 8 Personen · Vorbereiten: 10 Min. · Ruhen: 1 Std. · Zubereiten: 35 Min.
Material: 1 Quicheform (28 cm Durchmesser), Hobel

---

### Das Rezept

1. Für den Teig die Butter in einer Schüssel mit dem Handmixer oder in der Küchenmaschine cremig rühren. Die restlichen Zutaten zufügen und alles zu einem glatten Teig verarbeiten. Den Teig zu einer Kugel formen, in Frischhaltefolie einschlagen und 60 Minuten im Kühlschrank ruhen lassen.

2. Den Backofen auf 210 °C vorheizen. Die Quicheform einfetten und mit Mehl ausstäuben. Den Teig auf der leicht bemehlten Arbeitsfläche zu einem etwa 5 mm dicken Kreis ausrollen und die vorbereitete Form damit auskleiden. Den Teigboden mehrmals mit einer Gabel einstechen. Mit Backpapier belegen und mit getrockneten Hülsenfrüchten oder Backkugeln beschweren. Im vorgeheizten Ofen 10 Minuten vorbacken. Backpapier samt Hülsenfrüchten oder Backkugeln entfernen.

3. Inzwischen die Kartoffeln schälen und mit dem Hobel in feine Scheiben schneiden. In einem großen Topf mit kochendem Salzwasser 5 Minuten garen. Abtropfen und erkalten lassen.

4. Den Blauschimmelkäse in kleine Stücke schneiden.

5. Sahne und Parmesan in einer Schüssel mischen. Salzen und pfeffern.

6. Die Hälfte der Sahnemischung auf dem Teigboden verstreichen und einige Käsestücke darauf verteilen. Die Kartoffelscheiben von außen nach innen kreisförmig darauf anrichten. Mit der restlichen

---

### Die Zutaten

**Für den Teig**

weiche Butter .................................150 g
+ etwas mehr zum Einfetten
Weizenmehl .................................250 g
+ etwas mehr zum Ausstäuben
Ei..............................................................1
geriebener Parmesan......................25 g
Wasser.......................................... 4 EL
Saatenmischung (Leinsamen,
Sesamsaat, Sonnenblumenkerne) ... 2 EL

**Für den Belag**

Mittelgroße festkochende Kartoffeln.....8
Blauschimmelkäse ........................150 g
Sahne............................................250 g
geriebener Parmesan......................40 g
gehackte Haselnusskerne .......1 Handvoll
Salz, Pfeffer

---

### Tipp

Besonders gut schmeckt die Tarte mit einem kräftigen Blauschimmelkäse wie Roquefort.

---

Sahnemischung überziehen und mit den übrigen Käsestücken sowie Haselnüssen bestreuen. Im vorgeheizten Ofen 20 Minuten backen.

# Zucchinitarte

## mit Schafskäse und Honig

Für 6 bis 8 Personen · Vorbereiten: 20 Min. · Ruhen: 1 Std. · Zubereiten: 50 Min.
Material: Backform (28 cm Durchmesser), Hobel

## Die Zutaten

## Das Rezept

### Für den Teig

| | |
|---|---|
| weiche Butter | 150 g |
| + etwas mehr zum Einfetten | |
| Weizenmehl | 250 g |
| + etwas mehr zum Ausstäuben | |
| Ei | 1 |
| Wasser | 6 EL |
| Kräuter der Provence oder Rosmarin | 1 EL |

### Für den Belag

| | |
|---|---|
| Zucchini | 6 |
| Knoblauchzehe | 1 |
| Zwiebel | 1 kleine |
| Olivenöl | 1 EL |
| Kräuter der Provence oder Rosmarin | 1 EL |
| Eier | 2 |
| Sahne | 200 g |
| Ziegenfrischkäse | 100 g |
| Honig | 2 EL |
| Salz, Pfeffer | |

1. Für den Teig die Butter in einer Schüssel mit dem Handmixer oder in der Küchenmaschine cremig rühren. Die restlichen Zutaten zufügen und alles zu einem glatten Teig verarbeiten. Den Teig zu einer Kugel formen, in Frischhaltefolie einschlagen und 60 Minuten im Kühlschrank ruhen lassen.

2. Den Backofen auf 180 °C vorheizen. Die Backform einfetten und mit Mehl ausstäuben. Den Teig auf der leicht bemehlten Arbeitsfläche zu einem 5 mm dicken Kreis ausrollen und die vorbereitete Form damit auskleiden. Den Teigboden mehrmals mit einer Gabel einstechen. Mit Backpapier belegen und mit getrockneten Hülsenfrüchten beschweren. Im vorgeheizten Ofen 10 Minuten vorbacken. Backpapier samt Hülsenfrüchten oder Backkugeln entfernen.

3. Die Zucchini waschen und 1 davon raspeln. Knoblauch und Zwiebel abziehen und fein hacken. Das Olivenöl in einer Pfanne erhitzen und Zucchiniraspel, Knoblauch und Zwiebel darin mit Salz, Pfeffer und den Kräutern 10 Minuten dünsten.

4. Die Eier in einer Schüssel verquirlen. Sahne und die Hälfte des Ziegenkäses einrühren. Die Zucchini-Knoblauch-Mischung unterziehen. Auf dem Teigboden verteilen.

5. Die restlichen Zucchini längs mit einem Hobel in feine Bänder schneiden und 3 Minuten dämpfen. Hochkant von außen nach innen kreisförmig in die Zucchinimischung stecken (vgl. Abbildungen S. 45).

6. Den restlichen Ziegenkäse darüberkrümeln und die Tarte im vorgeheizten Ofen 20 Minuten backen.

7. Wenn die Tarte zu bräunen beginnt, mit dem Honig beträufeln und weitere 10 Minuten backen.

# Bunte Karottentarte

## mit Käse und Kreuzkümmel

Für 6 bis 8 Personen · Vorbereiten: 20 Min. · Zubereiten: 45 Min. · Ruhen: 1 Std. 05
Material: Quicheform (28 cm Durchmesser), Hobel

## Das Rezept

1. Für den Teig die Butter in einer Schüssel mit dem Handmixer oder in der Küchenmaschine cremig rühren. Die restlichen Zutaten zufügen und alles zu einem glatten Teig verarbeiten. Den Teig zu einer Kugel formen, in Frischhaltefolie einschlagen und 60 Minuten im Kühlschrank ruhen lassen.

2. Den Backofen auf 210 °C vorheizen. Die Quicheform einfetten und mit Mehl ausstäuben. Den Teig auf der leicht bemehlten Arbeitsfläche zu einem 5 mm dicken Kreis ausrollen und die vorbereitete Form damit auskleiden. Den Teigboden mehrmals mit einer Gabel einstechen. Mit Backpapier belegen und mit getrockneten Hülsenfrüchten beschweren. Im vorgeheizten Ofen 10 Minuten vorbacken. Backpapier samt Hülsenfrüchten oder Backkugeln entfernen.

3. Die Karotten schälen und längs mit einem Hobel in feine Bänder schneiden. Dann 5 Minuten in einem großen Topf mit kochendem Salzwasser garen. Abtropfen und erkalten lassen.

4. Die Knoblauchzehen abziehen und zerdrücken. Die Sahne in einem Topf zum Kochen bringen. Den Knoblauch 5 Minuten darin ziehen lassen. Salzen und pfeffern.

5. Zwei Esslöffel Cheddar auf dem Teigboden verteilen und 3 Esslöffel Sahne darübergeben. Die

## Die Zutaten

### Für den Teig

weiche Butter ................................150 g
+ etwas mehr zum Einfetten
Weizenmehl ...................................250 g
+ etwas mehr zum Bestäuben
Ei.....................................................1
Kreuzkümmelsamen ....................... 2 EL
geriebener Cheddar .........................25 g
Wasser........................................... 6 EL

### Für den Belag

gelbe Karotten................................. 4
orange Karotten................................. 4
rote Karotten ................................... 4
Knoblauchzehen ...............................2
Sahne.............................................150 g
geriebener Cheddar .......................100 g
Salz, Pfeffer

Karottenstreifen hochkant von außen nach innen kreisförmig hineinsetzen (vgl. Abbildungen S. 45). Mit der restlichen Sahne überziehen und mit dem restlichen Cheddar bestreuen. Im vorgeheizten Ofen 30 Minuten backen.

# Lauchquiche

## mit Haselnussstreuseln

Für 6 bis 8 Personen · Vorbereiten: 20 Min. · Zubereiten: 40 Min.
Material: Backform (28 cm Durchmesser)

## Das Rezept

1. Den Backofen auf 180 °C vorheizen. Die Backform einfetten und mit Mehl ausstäuben. Den Teig auf der leicht bemehlten Arbeitsfläche zu einem 5 mm dicken Kreis ausrollen und die vorbereitete Form damit auskleiden. Den Teigboden mehrmals mit einer Gabel einstechen. Mit Backpapier belegen und mit getrockneten Hülsenfrüchten beschweren. Im vorgeheizten Ofen 10 Minuten vorbacken. Backpapier samt Hülsenfrüchten oder Backkugeln entfernen.

2. Für die Streusel die Haselnusskerne grob hacken. Mit Mehl und Parmesan in einer Schüssel mischen. Die Butter mit den Fingern einarbeiten, bis eine krümelige Masse entstanden ist. Bis zur Verwendung kalt stellen.

3. Für den Belag das Grün von den Lauchstangen abtrennen. Den weißen Teil längs halbieren und 5 Minuten dämpfen.

4. Die Sahne in einem Topf zum Köcheln bringen. Den Topf vom Herd nehmen. Die Eier einrühren. Salzen und pfeffern.

5. Den Käse in feine Scheiben schneiden.

6. Den Teigboden mit dem Senf bestreichen und mit der Hälfte der Käsescheiben belegen. Die Lauchstreifen von außen nach innen kreisförmig auf dem Teigboden anrichten (vgl. Abbildungen S. 45) und die restlichen Käsescheiben dazwischenstecken. Mit der Sahne begießen und mit den Streuseln bestreuen. Im vorgeheizten Ofen 20 Minuten backen.

## Die Zutaten

Mürbeteig (Kühlregal) ......................... 1

### Haselnussstreusel

Haselnusskerne ............................... 40 g
Weizenmehl .................................... 50 g
+ etwas mehr zum Ausstäuben
geriebener Parmesan ...................... 25 g
weiche Butter, in Stücken ............... 50 g
+ etwas mehr zum Einfetten

### Für den Belag

Lauchstangen ..................................... 6
Sahne............................................ 150 g
Eier................................................... 2
Bergkäse ...................................... 250 g
Honigsenf ..................................... 3 EL
Salz, Pfeffer

# Auberginentarte

## mit Balsamicosauce

Für 6 bis 8 Personen · Vorbereiten: 20 Min. · Zubereiten: 30 Min.
Material: Quicheform (28 cm Durchmesser)

## Die Zutaten

Butter zum Einfetten ........................1 TL
Mehl zum Ausstäuben.....................1 TL
Blätterteig (Kühlregal) .........................1

### Für die Auberginen

mittelgroße Auberginen .......................4
Olivenöl ........................................ ½ EL
Kräuter der Provence ..................... 1 EL
Zwiebeln........................................... 4
Knoblauchzehe ................................ 1
Butter ..........................................30 g
Zucker .......................................... 2 EL
Balsamico-Creme .................. 1 Spritzer
Pinienkerne ................................... 1 EL
Salz, Pfeffer
Granatapfelkerne zum Garnieren
Minzeblätter zum Garnieren
Fetascheiben zum Servieren

## Das Rezept

**1.** Den Backofen auf 180 °C vorheizen. Die Backform einfetten und mit Mehl bestäuben. Die Auberginen waschen und längs in feine Scheiben schneiden. Das Olivenöl mit den Kräutern in einer großen Pfanne erhitzen und die Auberginenscheiben darin 5 Minuten braten, bis sie weich werden. Auf Küchenpapier abtropfen lassen.

**2.** Die Zwiebeln abziehen und hacken. Die Knoblauchzehe abziehen und zerdrücken. Die Butter in der Pfanne zerlassen und Zwiebeln und Knoblauch darin andünsten. Zucker und Balsamico-Creme zufügen und karamellisieren lassen.

**3.** Die vorbereitete Backform mit den Auberginenscheiben auskleiden. Die Zwiebelmischung darauf verteilen. Mit dem Teig bedecken und die Ränder zwischen Füllung und Backformrand stecken. Den Teig mehrmals mit einer Gabel einstechen. Im vorgeheizten Ofen 20 Minuten backen.

**4.** Die Tarte auf eine Kuchenplatte stürzen. Die Pinienkerne in einer Pfanne ohne Fettzugabe rösten und mit einigen Granatapfelkernen auf die Tarte streuen. Mit Minzeblättern garnieren. Mit Fetascheiben servieren.

# Champignon-Pecorino-Torteletts

Für 6 Torteletts · Vorbereiten: 20 Min. · Ruhen: 1 Std. · Zubereiten: 15 Min.

## Die Zutaten

### Für den Teig

| | |
|---|---|
| weiche Butter | 100 g |
| Eigelb | 1 |
| Parmesan | 100 g |
| Weizenmehl | 100 g |

### Für den Belag

| | |
|---|---|
| Fenchel | 1 |
| frische Champignons | 200 g |
| Radieschen | 5 |
| Pecorino | 100 g |
| glatte Petersilie | 1 Bund |
| Saft von ½ Zitrone | |
| Olivenöl | 3 EL |
| Fleur de Sel | |

## Das Rezept

**1.** Butter und Mehl in einer Schüssel mit dem Handmixer oder in der Küchenmaschine verrühren. Eigelb und Parmesan einarbeiten, bis ein glatter Teig entstanden ist. Den Teig zu einer Kugel formen, in Frischhaltefolie einschlagen und 60 Minuten im Kühlschrank ruhen lassen.

**2.** Den Backofen auf 180 °C vorheizen. Ein Backblech mit Backpapier belegen. Den Teig auf der leicht bemehlten Arbeitsfläche 5 mm dick ausrollen und acht Kreise ausschneiden. Die Teigkreise auf das vorbereitete Backblech legen. Mit einem zweiten Bogen Backpapier bedecken und mit getrockneten Hülsenfrüchten oder Backkugeln beschweren. Im vorgeheizten Ofen 15 Minuten backen. Backpapier samt Hülsenfrüchten oder Backkugeln entfernen. Die Teigböden auf einem Kuchengitter erkalten lassen.

**3.** Fenchel, Pilze und Radieschen in sehr feine Scheiben schneiden. Den Pecorino hobeln.

**4.** Die Tortelettböden mit je einer Fenchelscheibe in der Mitte und den Champignonscheiben rundum, abwechselnd mit den Petersilienblättern und Radieschenscheiben belegen. Mit Pecorinospänen garnieren.

**5.** Olivenöl und Zitronensaft glatt rühren und salzen. Die Torteletts vor dem Servieren damit beträufeln.

# Süßkartoffeltarte

## mit roten Zwiebeln und Ziegenkäse

Für 6 bis 8 Personen · Vorbereiten: 20 Min. · Zubereiten: 35 Min.
Material: Quicheform (28 cm Durchmesser), Hobel, Spritzbeutel

## Die Zutaten

Butter zum Einfetten ........................1 TL
Mehl zum Ausstäuben....................1 TL
Mürbeteig (Kühlregal) ........................ 1

### Für den Belag

kleine Süßkartoffeln ........................... 6
rote Zwiebeln.....................................3
Tomme de Chèvre (alternativ ein
anderer milder Ziegenkäse) ...........150 g
Sahne.........................................180 g
Bergkäse .....................................150 g
Olivenöl ...................................... 3 EL
Salz, Pfeffer

## Tipp

Als Tomme de Chèvre werden eine Reihe von
(halb-)festen Schnittkäsen aus Ziegenmilch bezeichnet.

## Das Rezept

**1.** Den Backofen auf 180 °C vorheizen. Die Quicheform einfetten und mit Mehl ausstäuben. Den Teig auf der leicht bemehlten Arbeitsfläche 5 mm dick ausrollen und die vorbereitete Form damit auskleiden. Den Teig mehrmals mit einer Gabel einstechen. Mit Backpapier bedecken und mit getrockneten Hülsenfrüchten oder Backkugeln beschweren. Im vorgeheizten Ofen 10 Minuten vorbacken. Backpapier samt Hülsenfrüchten oder Backkugeln entfernen.

**2.** Die Süßkartoffeln schälen, in feine Scheiben schneiden und 3 Minuten dämpfen.

**3.** Die Zwiebeln abziehen und in feine Spalten schneiden. Mit dem Olivenöl vermengen.

**4.** Die Hälfte des Tomme de Chèvre reiben und in einer Schüssel mit der Sahne, etwas Salz und Pfeffer vermengen. Die Masse in einen Spritzbeutel füllen.

**5.** Den restlichen Ziegenkäse sowie den Bergkäse in feine Scheiben hobeln.

**6.** Den vorgebackenen Teigboden mit den Bergkäsescheiben belegen. Die Süßkartoffelscheiben, Zwiebeln und Käsescheiben von außen nach innen abwechselnd in Kreisen daraufsetzen (vgl. Abbildungen S. 45).

**7.** Im vorgeheizten Ofen 20 Minuten backen.

# Zucchinitarte

## mit Schinken, Käse und Mohn

Für 6 bis 8 Personen · Vorbereiten: 20 Min. · Zubereiten: 35 Min.
Material: Backform (28 cm Durchmesser), Hobel

## Die Zutaten

Butter zum Einfetten .........................1 TL
Mehl zum Ausstäuben.....................1 TL
Mürbeteig (Kühlregal) .........................1

### Für den Belag

Zucchini...............................................2
Kochschinken .......................3 Scheiben
Gruyère.........................................300 g
Senf............................................. 2 EL
zerlassene Butter............................30 g
Mohnsaat .......................................1 TL
Salz, Pfeffer

## Das Rezept

1. Den Backofen auf 180 °C vorheizen. Die Backform einfetten und mit Mehl ausstäuben. Den Teig auf der leicht bemehlten Arbeitsfläche zu einem 5 mm dicken Kreis ausrollen und die vorbereitete Form damit auskleiden. Den Teig mehrmals mit einer Gabel einstechen. Mit Backpapier bedecken und mit getrockneten Hülsenfrüchten oder Backkugeln beschweren. Im vorgeheizten Ofen 10 Minuten vorbacken. Backpapier samt Hülsenfrüchten oder Backkugeln entfernen.

2. Die Zucchini waschen. Längs mit dem Hobel in feine Bänder schneiden und 5 Minuten dämpfen. Schinken und Käse in gleich breite Streifen wie die Zucchini schneiden.

3. Den vorgebackenen Teigboden mit dem Senf bestreichen und mit einem Drittel der Käsestreifen belegen. Die Zucchinischeiben von außen nach innen abwechselnd mit Schinken- und Käsestreifen kreisförmig daraufsetzen (vgl. Abbildungen S. 45). Mit Salz und Pfeffer bestreuen.

4. Mit der Butter bestreichen, mit der Mohnsaat bestreuen und im vorgeheizten Ofen 20 Minuten backen.

# Blätterteigschnecke

## mit Knoblauch

Für 6 bis 8 Personen · Vorbereiten: 5 Min. · Zubereiten: 30 Min.
Material: Backform (28 cm Durchmesser)

## Die Zutaten

Butter zum Einfetten ........................1 TL
Mehl zum Ausstäuben......................1 TL
zerlassene Butter..........................200 g
Knoblauchzehen ................................. 4
Blätterteig (Kühlregal).......................... 2
Fleur de Sel

## Das Rezept

**1.** Den Backofen auf 180 °C vorheizen.

**2.** Die Backform einfetten und mit Mehl ausstäuben.

**3.** Zwei Esslöffel von der flüssigen Butter abnehmen. Die Knoblauchzehen abziehen und den Keim entfernen. Die Knoblauchzehen mit der restlichen Butter mixen.

**4.** Die Blätterteigplatten ausrollen und in 5 cm breite Streifen schneiden. Die Streifen mithilfe eines Backpinsels mit der Knoblauchbutter bestreichen und aufrollen. Die Blätterteigschnecken aufrecht nebeneinander in die vorbereitete Form setzen.

**5.** Die Oberfläche mit Knoblauchbutter bestreichen und mit Fleur de Sel bestreuen. Im vorgeheizten Ofen 30 Minuten goldbraun backen.

# Tarte Tatin mit Äpfeln und Brie

Für 8 Torteletts · Vorbereiten: 20 Min. · Zubereiten: 30 Min.
Material: 8 Tortelettförmchen (10 cm Durchmesser)

## Die Zutaten

## Das Rezept

Butter zum Einfetten ........................ 1 TL
Mehl zum Ausstäuben ..................... 1 TL
Äpfel ............................................... 8
gesalzene Butter ........................... 100 g
Brie ............................................. 300 g
Blätterteig (Kühlregal) ........................ 2
weiße Weintrauben zum Garnieren
Pflücksalat zum Servieren
Salz, Pfeffer

**1.** Den Backofen auf 180 °C vorheizen. Die Tortelettförmchen einfetten und mit Mehl ausstäuben.

**2.** Die Äpfel vierteln, entkernen und in feine Spalten schneiden. Die Butter in einer Pfanne zerlassen und die Apfelspalten darin 5 Minuten von beiden Seiten braten. Auf Küchenpapier abtropfen lassen.

**3.** Die Apfelspalten fächerförmig in den vorbereiteten Backformen anordnen. Den Brie in feine Scheiben schneiden und darauflegen. Salzen und pfeffern. Die Blätterteigplatten ausrollen und zu 10 cm großen Kreisen schneiden. Die Torteletts damit bedecken und mehrmals mit einer Gabel einstechen. Im vorgeheizten Ofen 25 Minuten backen.

**4.** Die Torteletts auf Teller stürzen. Mit halbierten Trauben garnieren. Als Vorspeise mit einem kleinen Salat servieren.

# Avocadotarte

## mit Gurke und Ziegenkäse

Für 6 bis 8 Personen · Vorbereiten: 20 Min. · Ruhen: 30 Min. · Zubereiten: 30 Min.
Material: Quicheform (28 cm Durchmesser), Hobel

## Die Zutaten

## Das Rezept

1. Für den Teig das Mehl mit Salz und Kräutern in einer Schüssel mischen. Mit Olivenöl und 120 ml kaltem Wasser zu einem glatten Teig verkneten. In Frischhaltefolie einschlagen und 30 Minuten im Kühlschrank ruhen lassen.

2. Für den Belag Ricotta, Feta, Saft von 1 Zitrone, 1 Esslöffel Olivenöl und gehackte Minzeblätter in einer Schüssel glatt rühren. Den Mozzarella würfeln und unter die Ricottamasse ziehen.

3. Den Backofen auf 180 °C vorheizen. Eine Quicheform einfetten und mit Mehl ausstäuben.

4. Den Teig auf der leicht bemehlten Arbeitsfläche zu einem etwa 5 mm dicken Kreis ausrollen und die vorbereitete Form damit auskleiden. Den Teigboden mehrmals mit einer Gabel einstechen. Mit Backpapier bedecken und mit getrockneten Hülsenfrüchten oder Backkugeln beschweren. Im vorgeheizten Ofen 30 Minuten backen. Backpapier samt Hülsenfrüchten oder Backkugeln entfernen. Erkalten lassen.

5. Die Avocado schälen, den Stein herauslösen und das Fruchtfleisch in feine Spalten schneiden. In eine Schüssel geben und mit dem Saft der zweiten Zitrone beträufeln. Die Spinatblätter waschen. Die Gurke mit dem Hobel längs in feine Bänder schneiden.

### Für den Teig

| | |
|---|---|
| Weizenmehl | 270 g |
| Salz | 1 TL |
| Kräuter der Provence | 1 TL |
| Olivenöl | 120 ml |

### Für den Belag

| | |
|---|---|
| Ricotta | 100 g |
| Feta | 100 g |
| Zitronen | 2 |
| Olivenöl | 1 EL + 1 TL |
| Minzeblätter | 5 |
| Mozzarella | 100 g |
| Butter zum Einfetten | 1 TL |
| Mehl zum Ausstäuben | 1 TL |
| Avocado | 1 |
| junge Spinatblätter | 1 Handvoll |
| Salatgurke | 1 |
| Frühlingszwiebeln | 3 |
| Fleur de Sel | |

6. Die Ricottamasse auf dem Teigboden verteilen. Gurkenbänder, Avocadospalten und Spinatblätter von außen nach innen abwechselnd darauf anordnen. Die Frühlingszwiebeln putzen, waschen und hacken. Die Tarte damit garnieren.

7. Vor dem Servieren die Tarte mit Olivenöl beträufeln und mit einer Prise Fleur de Sel bestreuen.

# Kürbistorteletts

## mit Schafskäse

Für 8 Torteletts · Vorbereiten: 20 Min. · Ruhen: 1 Std. · Zubereiten: 35 Min.
Material: 8 Tortelettförmchen (12 cm Durchmesser), Hobel

### Das Rezept

1. Für den Mürbeteig die Butter in einer Schüssel mit dem Handmixer oder in der Küchenmaschine cremig rühren. Mehlsorten, Ei, etwas Wasser und Salz einarbeiten, bis ein glatter Teig entstanden ist. Den Teig zu einer Kugel formen, in Frischhaltefolie einschlagen und 60 Minuten im Kühlschrank ruhen lassen.

2. Für den Belag den Kürbis schälen. Kerne und Fasern entfernen. Das Fruchtfleisch mit dem Hobel in feine Scheiben schneiden. Eine Pfanne erhitzen und die Speckscheiben darin knusprig braun braten.

3. Den Backofen auf 240 °C erhitzen. Die Tortelettförmchen einfetten und mit Mehl ausstäuben.

4. Den Teig auf der leicht bemehlten Arbeitsfläche etwa 5 mm dick ausrollen. Die vorbereiteten Förmchen damit auskleiden. Die Teigböden mehrmals mit einer Gabel einstechen. Mit Backpapier bedecken und mit getrockneten Hülsenfrüchten oder Backkugeln beschweren. Im vorgeheizten Ofen 10 Minuten vorbacken. Backpapier samt Hülsenfrüchten oder Backkugeln entfernen. Die Ofentemperatur auf 180 °C reduzieren.

5. Inzwischen den Schafskäse in feine Scheiben schneiden. Kürbis-, Speck- und Schafskäse hochkant kreisförmig von außen nach innen auf den vorbereiteten Teigböden anordnen. Mit der Sahne begießen. Salzen und pfeffern.

6. Die Torteletts 25 Minuten im Ofen backen, bis sie schön gebräunt sind.

### Die Zutaten

**Für den Mürbeteig**

weiche Butter, gewürfelt..................70 g
+ etwas mehr zum Einfetten
Buchweizenmehl...........................80 g
+ etwas mehr zum Ausstäuben
Roggenmehl .................................80 g
Ei...............................................1
Wasser........................................ 6 EL
Salz ........................................... 1 Prise

**Für den Belag**

Butternusskürbis ................................. 1
Räucherspeck, in Scheiben............150 g
Hartkäse aus Schafsmilch ............500 g
Sahne........................................200 g
Salz, Pfeffer

# Tomaten-Basilikum-Tarte

Für 6 bis 8 Personen · Vorbereiten: 20 Min. · Zubereiten: 30 Min.
Material: 2 Backbleche

## Die Zutaten

Pizzateig (Kühlregal) ............................ 1
Knoblauchzehe ................................... 1
vollreife Tomaten in
verschiedenen Farben .................. 500 g
Büffelmozzarella ................................ 1
Burrata zum Servieren
(alternativ Mozzarella) ....................... 1
Olivenöl ................................. 1 Schuss
Fleur de Sel .......................... 3–4 Prisen
Basilikumblätter zum Garnieren

## Das Rezept

**1.** Den Backofen auf 180 °C vorheizen. Ein Backblech mit Backpapier belegen. Den Teig auf der leicht bemehlten Arbeitsplatte ausrollen und einen Kreis ausschneiden. Den Teig auf das vorbereitete Backblech heben und mehrmals mit einer Gabel einstechen. Mit einem zweiten Bogen Backpapier bedecken und mit dem zweiten Backblech beschweren. Im vorgeheizten Ofen 20–30 Minuten backen.

**2.** Den Teigboden erkalten lassen, dann mit der abgezogenen Knoblauchzehe einreiben.

**3.** Die Tomaten waschen und in Scheiben schneiden. Den Büffelmozzarella ebenfalls in Scheiben schneiden und abwechselnd mit den Tomatenscheiben fächerförmig auf dem Teigboden anordnen. Mit einem Schuss Olivenöl beträufeln. Salzen und pfeffern. Mit Basilikumblättern garnieren und einigen Prisen Fleur de Sel bestreuen. Mit Burrata servieren.

# MENGEN UND ENTSPRECHUNGEN

## Zutaten abwiegen ohne Waage

| Zutaten | 1 Teelöffel | 1 Esslöffel | 1 Glas à 200 ml |
|---|---|---|---|
| Butter | 7 g | 20 g | – |
| Crème fraîche | 15 g | 40 g | 200 g |
| gemahlene Mandeln | 6 g | 15 g | 75 g |
| geriebener Hartkäse | 4 g | 12 g | 65 g |
| Grieß, Couscous | 5 g | 15 g | 150 g |
| Kakaopulver | 5 g | 10 g | 90 g |
| Mehl | 3 g | 10 g | 100 g |
| Puderzucker | 3 g | 10 g | 110 g |
| Reis | 7 g | 20 g | 150 g |
| Rosinen | 8 g | 30 g | 110 g |
| Sahne | 7 g | 20 g | 200 g |
| Salz | 5 g | 15 g | – |
| Speisestärke | 3 g | 10 g | 100 g |
| Zucker | 5 g | 15 g | 150 g |

# Flüssigkeiten abmessen

1 Likörglas = 30 ml
1 kleine Tasse = 80 bis 100 ml
1 Glas = 200 ml
1 Becher = 300 ml
1 Schale = 350 ml

# Gut zu wissen

1 Ei = 50 g
1 Flocke Butter = 5 g
1 walnussgroßes Stück Butter = 15-20 g

# Die richtige Ofentemperatur

| Temperatur (°C) | Thermostat |
|---|---|
| 30 | 1 |
| 60 | 2 |
| 90 | 3 |
| 120 | 4 |
| 150 | 5 |
| 180 | 6 |
| 210 | 7 |
| 240 | 8 |
| 270 | 9 |

# Ein Fast-Food-Klassiker
# auf Weltreise

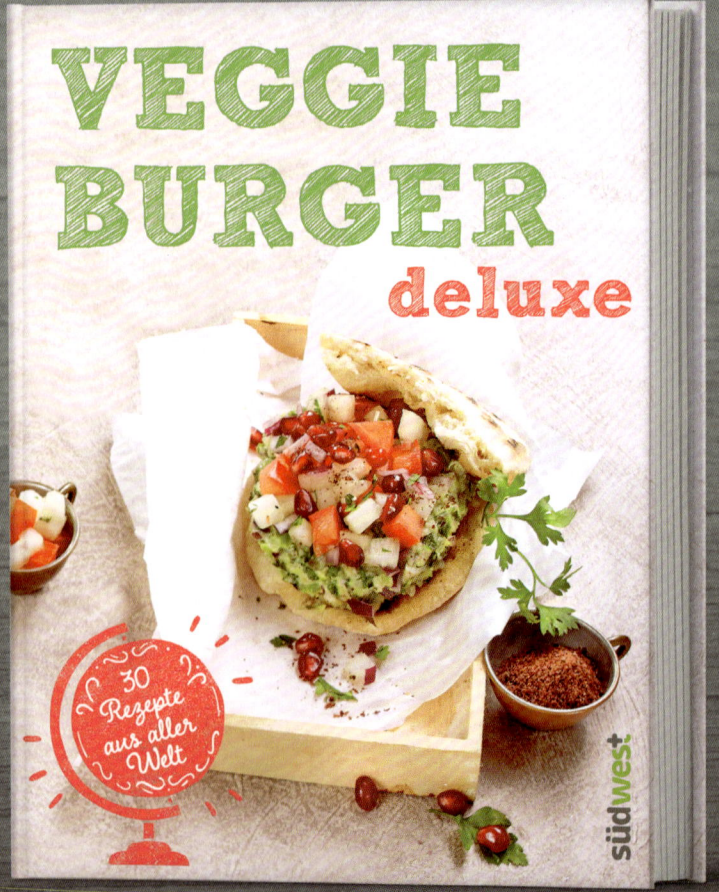

80 Seiten | 10,– € [D] | ISBN 978-3-517-09780-0

Dieses Buch nimmt Sie mit auf eine kulinarische Reise um die Welt.
In 30 kreativen, vegetarischen Rezepten zeigt es, was alles ohne Fleisch
zwischen zwei Brötchenhälften möglich ist. Ob bei den Buns,
der Soße oder dem Belag – die Variationen sind so originell wie köstlich.

Die Leseprobe und mehr Informationen
finden Sie auf www.suedwest-verlag.de

**südwest**

ISBN 978-3-517-09779-4
1. Auflage

© der deutschsprachigen Ausgabe 2019 by Südwest Verlag, einem Unternehmen der Verlagsgruppe Random House GmbH, Neumarkter Straße 28, 81673 München

© der Originalausgabe "Tartes et gâteaux tourbillon ": Hachette-Livre (Hachette Pratique) 2017; texts and photos by Virginie Garnier

Projektleitung: Katharina Schrott
Übersetzung: Lisa Heilig, Köln
Text, Fotografien und Food-Styling: Virginie Garnier
Assistenz: Zoé Armbruster und Caspar Miskin
Gesamtproducing: trans texas publishing services GmbH, Köln
Coverdesign für die deutschsprachige Ausgabe: Reinhard Soll und Eva M. Salzgeber

Druck und Verarbeitung: DZS Grafik, Ljubljana

Printed in Slovenia

MIX
Papier aus verantwortungsvollen Quellen
FSC® C106600

Verlagsgruppe Random House FSC® N001967